www.ingramcontent.com/pod-product-compliance
Lightning Source LLC
LaVergne TN
LVHW010424070526
838199LV00064B/5417
* 9 7 8 9 3 5 8 7 2 2 0 4 8 *

منٹو کے کچھ خطوط

(مکتوبات)

مصنف:

سعادت حسن منٹو

© Taemeer Publications LLC
Manto ke kuch Khutoot (Letters)
by: Saadat Hasan Manto
Edition: December '2023
Publisher :
Taemeer Publications LLC (Michigan, USA / Hyderabad, India)

ISBN 978-93-5872-204-8

مصنف یا ناشر کی پیشگی اجازت کے بغیر اس کتاب کا کوئی بھی حصہ کسی بھی شکل میں بشمول ویب سائٹ پر اپ لوڈنگ کے لیے استعمال نہ کیا جائے۔ نیز اس کتاب پر کسی بھی قسم کے تنازع کو نمٹانے کا اختیار صرف حیدرآباد (تلنگانہ) کی عدلیہ کو ہو گا۔

© تعمیر پبلی کیشنز

کتاب	:	منٹو کے کچھ خطوط (مکتوبات)
مرتبہ	:	سعادت حسن منٹو
صنف	:	مکتوبات
ناشر	:	تعمیر پبلی کیشنز (حیدرآباد، انڈیا)
سالِ اشاعت	:	سنہ ۲۰۲۳ء
صفحات	:	۲۸
سرورق ڈیزائن	:	تعمیر ویب ڈیزائن

فہرست

یہ تحریریں منٹو کی حیات میں غیر مطبوعہ رہیں، اور انتقال کے بعد ان کے کاغذات سے دستیاب ہوئیں۔ انہیں 'باقیاتِ منٹو' نامی کتاب سے لیا گیا ہے۔

(۱)	خط:۱	7
(۲)	خط:۲	9
(۳)	خط:۳	13
(۴)	خط:۴	16
(۵)	خط:۵	17
(۶)	خط:۶	18
(۷)	خط:۷	23
(۸)	باتیں ہماری یاد رہیں۔۔۔	25

کتبہ

یہاں سعادت **حسین منٹو** دفن ہے۔ اس کے سینے میں فن افسانہ نگاری کے بارے میں اسرار ور موز دفن ہے ۔۔۔ وہ اب بھی منوں مٹی کے نیچے سوچ رہا ہے کہ وہ بڑا افسانہ نگار ہے یا خدا۔

خط (۱)

بٹوت

مکرم والدہ صاحبہ

السلام علیکم۔ کل شام کو سیر کے لئے نکل رہا تھا کہ آپ کا گرامی نامہ موصول ہوا۔ یہ پڑھ کر نہایت خوشی ہوئی کہ اقبال خیر و عافیت سے بمبئی پہونچ گئی ہے۔ جاوید کی علالت کی خبر سخت وحشت ناک ہے۔ خدا اس ننھے سے جی کو اپنی ایمان میں رکھے۔ اگر اس کو مجھ سے محبت ہے تو کیا آپ سمجھتے ہیں کہ میں اس سے کم پیار رکھتا ہوں۔ وہ مجھے خاص طور پر اس لئے عزیز ہے کہ وہ میری اپنی بہن کا نور نظر ہے۔ میرے دل میں اس کے متعلق سینکڑوں امیدیں ہیں۔ خدا کرے کہ وہ بروئے کار آئیں۔ بہر حال مجھے یقین ہے کہ وہ بہت ہوشیار لڑکا ثابت ہو گا۔

جاوید کی علالت کا سب سے بڑا سبب جو مجھے اول میں ڈاکٹر نے بتایا وہ یہ تھا کہ دانت نکال رہا ہے۔ اس قسم کی بیماری میں قے اور دست بھی ہو سکتے ہیں۔ یہ اطلاع بہت جان بخش ہے کہ اب وہ رُو بصحت ہے اور خدا کے فضل سے بہت خوش ہے۔ اس شریر کا وہ مسکین اور نہایت ہی مظلوم شکل بنانا مجھے یہاں بھی نہیں بھول رہا۔ کیا بمبئی میں بھی اب وہ اس قسم کی ترحم انگیز شکل بناتا ہے۔ اس کا منٹ منٹ کے بعد ہاتھ نکالنا! میرے خیال میں ایسی پیاری حرکتیں بہت کم ہی بچے کرتے ہیں۔

میری صحت میں کوئی خاص فرق نہیں۔ سینے میں درد رہتا ہے۔ بہر حال اتنا ضرور

ہے کہ میری کمر کا درد اب بہت حد تک جاتا رہا ہے۔ اور سیر کرنے کے بعد تکان محسوس نہیں ہوتی۔ میں چار پانچ نہیں روزانہ صبح اور شام سیر کرتا ہوں اور دن کا بیشتر حصہ چیڑوں کے سائے میں گذارتا ہوں۔ آپ کوئی فکر نہ کریں۔ انشاءاللہ صحت بہت جلد ہو جائے گی۔

اس ہفتے میں یہاں نئے قسم کے دو ٹیکے کرائے ہیں۔ باقی پانچ اور بھی۔ جموں سے دوا کی شیشیاں بھی لے گیا تھا جس کا استعمال جاری ہے۔ اس ہفتے میں دو بار سالم چوزے بھی کھائے ہیں جو ہضم ہو گئے۔ یہاں کا پانی ہاضم ہے۔ یہ جگہ بہت اچھی ہے مگر رہائش اور کھانے کا دام بہت زیادہ ہے اس لئے کہ یہاں ہر شے باہر سے آتی ہے۔ کشمیر گورنمنٹ نے محصول اس قدر بڑھا رکھا ہے کہ لازماً ہر چیز کے دام دگنے یا ڈیوڑھے ہو جاتے ہیں۔

اگر عباس آئے تو اس سے کہئے کہ وہ میرے خط کا جواب کیوں نہیں دیتا۔ اس سے یہ بھی کہئے کہ وہ یہاں میرے پاس چلا آئے۔ اس طرح تنہائی محسوس نہ ہو گی۔ اگر وہ آنا چاہے تو اسے میری دونوں دھوتیاں اور چپل دے دیجئے گا۔ اگر اقبال کو خط لکھیں تو اسے میرا اسلام لکھ دیجئے گا۔ امید ہے آپ بخیریت ہوں گی سفید کپڑے والے علم دین کا خاندان بی بی جان کے بھائی کی اولاد کی خدمت میں سلام۔ کشور کو پیار۔ خط کے کونے میں کشور نے مجھے سلام لکھا ہے مگر میرا خیال ہے کہ یہ اس کا خط نہیں بلکہ ظہیر یا کسی اور کا ہے۔

آپ کا بیٹا

سعادت حسن

خط (۲)

کوچہ وکیلاں امرتسر

مورخہ 2اپریل1934ء

پیاری باجی

السلام علیکم۔ آپ کی روانگی کے کچھ دن قبل کی دماغی پریشانیوں نے اس قابل تو نہ چھوڑا تھا کہ یکم اپریل پر عوام کو جی بھر کے بیوقوف بنایا جائے تاہم اس پریشان شدہ دماغ کے نتائج اس لائق ہیں کہ انہیں صفحہ قرطاس پر لایا جائے۔ دوسرے الفاظ میں شہر امرتسر کے ان معززین کی تصویر پیش کی جائے جو ہمارے تیار کردہ جال میں جانتے بوجھتے ہوئے داخل ہوئے۔

اصل قصہ شروع کرنے سے بیشتر یہ لازم خیال کرتا ہوں کہ واقعہ کو شروع سے بیان کروں تاکہ تسلسل اور لطف قائم رہے۔۔۔" میں اور عباس بیٹھک میں بیٹھے کچھ ادھر ادھر کی باتیں کر رہے تھے کہ فاضل کی آمد نے ہمیں چونکا دیا۔ اس کی زبانی معلوم ہوا کہ آج کا دن تو اپریل کی پہلی تاریخ ہے۔ باتوں باتوں میں یہ خیال آیا کہ کیوں نہ آج کے روز عوام کو بیوقوف بنایا جائے۔ صلاح یہ ٹھہری کہ کسی معدوم جلسہ کی بابت شہر میں اشتہار بانٹے جائیں۔ باری صاحب کی لاہور میں بروقت آمد نے اس خیال کو عملی جامہ پہنا دیا۔ چنانچہ تینوں دماغوں نے ایک عجیب و غریب اشتہار مرتب کر لیا۔ اب صرف طباعت باقی تھی۔ مگر بدقسمتی سے اتوار کا دن ہونے کی وجہ سے تمام پریس بند تھے۔

تلاش بسیار کے بعد ایک پریس ملا مگر وہ صرف انگریزی حروف میں ہمارا اشتہار چھاپنے کے لئے تیار تھا۔ خیر اسی پر قناعت کرتے ہوئے ہم نے اسی جگہ بیٹھے اشتہار کا انگریزی زبان میں ترجمہ کر دیا۔۔۔ قصہ مختصر 500 اشتہار چھ بجے شام کے قریب ہمارے پاس موجود تھے اور ہم انہیں ہال بازار میں تقسیم کر رہے تھے۔۔۔ اشتہاروں کی تقسیم ہر حالت میں قابل اطمینان تھی۔ کیونکہ جس شخص کو بھی ہم نے اشتہار دیا وہ پڑھ کر بحفاظت تمام جیب میں رکھ لیتا۔۔۔ شام کو آٹھ بجے کے قریب میں اور باری صاحب اپنی کوشش کا نتیجہ دیکھنے کے لئے جامع خیر الدین کی طرف گئے۔ کیا دیکھتے ہیں کہ مبلغ چار عدد خفیہ پولیس کے سپاہی مسجد کے ارد گرد منڈلا رہے ہیں۔ ان سے دریافت کرنے پر معلوم ہوا کہ کوئی روسی صاحب تقریر کرنے والے ہیں اس لئے وہ ڈائری لکھنے کے لئے آئے ہیں۔ ابھی ان سے باتیں کر رہے تھے کہ تین چار معززین مسجد میں تشریف لے جا کر واپس ہو گئے۔ فاضل کو ان کے پیچھے دوڑایا تو معلوم ہوا کہ جلسہ شروع ہونے پر دوبارہ تشریف لاویں گے۔۔۔ ہمارے معزز غلام محی الدین وکیل صاحب بھی تقریر سننے کے لئے آئے مگر لیکچرار صاحب عنقا تھے۔۔۔ اور بہت سے شریف آدمی آئے کمر سر کھجلاتے ہوئے واپس ہو گئے۔۔۔ بیوقوفوں کی مجموعی تعداد پچاس ساٹھ کے قریب بھی۔ ان حضرات کو تا دم آخر یقین تھا کہ جلسہ ضرور ہو گا خواہ وہ رات کے دس بجے ہی کیوں نہ ہو۔ یقین کی یہ حد ہے کہ عبد الرحیم (ناما چاچا) صبح مجھ سے دریافت کرتا تھا کہ اب لیکچر کب ہو گا۔۔۔ بہر حال" جلسہ " بہت کامیاب رہا۔ خوب گرما گرم اور دھواں دار تقریریں ہوئیں۔

اس واقعہ نے شہر بھر میں دھوم مچا دی ہے۔ ہر شخص کی زبان پر اسی واقعہ کا ذکر ہے "بیوقوف" گو وہ ہمارا دشمن ہو یا دوست ہماری دماغی اختراع کی داد دیئے بغیر نہیں رہا۔

درج ذیل اس اشتہار کی عبارت ہے جو اردو میں تیار کی گئی تھی۔ اس اشتہار میں نام اور یونیورسٹی کا نام خود ایجاد کردہ ہیں۔ دنیا میں ان شخصوں اور یونیورسٹیوں کا کوئی وجود نہیں:

"دور حاضرہ کی پیچیدگیاں"

"جامع خیر الدین میں ایک عام جلسہ "زیر صدارت ڈاکٹر شان لوف حسن (فول کا الٹ) آج شام کے آٹھ بجے سردار (اپریل) سائن بی۔ ایچ۔ ڈی۔ ڈی۔ ایس۔ سی مشہور ہندوستانی مفکر "دور حاضرہ کی پیچیدگیاں" پر بزبان انگریزی تقریر فرمائیں گے۔

تقریر کا ترجمہ ڈاکٹر حموق بے (احمق سے متعلق) کرمانا یونیورسٹی کے پروفیسر کریں گے۔

(ڈاکٹر شان لوٹ حسن میکین یونیورسٹی (جاپان) کے وائس چانسلر ہیں۔

سیکٹری مجلس استقبالیہ امرتسر

34-4-1

اصل اشتہار جو انگریزی میں ہے وہ بھی ارسال ہے تاکہ آپ اس واقعہ سے پوری طرح حظ اٹھا سکیں۔۔۔۔۔ یہ سب کچھ مطالعہ فرما کر اپنی رائے سے ضرور مطلع کریں کہ ہماری سعی واقعی کامیاب ہے؟

بخار کی لعنت میں فی الحال کوئی کمی واقع نہیں ہوئی۔ ڈاکٹر کی دوا استعمال کر رہا ہوں۔ امید ہے کچھ افاقہ ہو جائے گا۔

فرمایئے راستہ کیسے کٹا۔ کیا اسباب کی زیادتی تو کچھ تکلیف دہ ثابت نہیں ہوئی؟

بی بی جان آپ کی غیر حاضری بہت محسوس کر رہی ہیں۔ ان کا ہر وقت آپ کی ہی کی طرف خیال لگا رہتا ہے۔۔۔ خیر عادی ہو جائیں گی۔۔۔ رفتہ رفتہ

سفر کے متعلق ہر چیز تفصیل سے لکھیں۔ یہ بھی لکھیں کہ نادرہ بھابھی آپ کے ہاں اتری تھیں یا اپنے گھر چلے گئے تھے۔

خط کے جواب کا ہر گھڑی منتظر ہوں۔ خدارا اس تساہل کو ہر گز کام میں نہ لائیں جو آپ کی عادت بن چکا ہے۔۔۔۔ مجھ سے انتظار کی گھڑیاں برداشت نہیں ہو سکتیں۔ صاف الفاظ میں میں اپنے خط کا جواب چاہتا ہوں۔۔۔۔ اور بس

مس پروڈفٹ کو مندرجہ ذیل سطور دکھلا دیں تاکہ وہ آپ کو اس فرض سے سبکدوش ہونے میں کچھ مدد دے سکیں

"سعادت"

(نوٹ): خاں صاحب کی خدمت میں صرف اس صورت سلام عرض کریں اگر ان کا پارہ کچھ درجہ گر گیا ہو۔۔۔۔ کاش وہ کسی دور افتادہ شخص کی قلبی کیفیت اور جذبہ الفت کے صحیح انعماق کا بطریق احسن اندازلگا سکیں!۔۔۔۔ خیر

Miss proud fost,

It shall be awfully kind of you if you will remind my sister that she was me a reply----would you this bit of service for one who is but a stranger to you ----?Between you and me, my sister is a terrible miser----try to make her leave this habit!

Sincerely yours
Saadat H. Minto

خط (۳)

پیاری بہن

تمہارا خط ملا۔ فریدہ کی علالت کا سن کر بہت افسوس ہوا۔ خدا اس پیاری بچی کو اپنی امان میں رکھے اور نظر بد سے بچائے۔ آمین۔ تمہارے خط نہ لکھنے کی وجہ شاید فریدہ کی علالت ہی تھی۔ خدا کا شکر ہے کہ اب وہ بالکل ٹھیک ہے۔ اس کی کھانسی کے دفعیہ کے لئے ڈاکٹر سے ضرور مشورہ لینا چاہئے۔ میں سمجھتا ہوں کہ اسے Inail کی شکایت ہے۔ ڈاکٹر سے اس کا باقاعدہ علاج کرانا چاہئے۔ میں نے لاہور خط لکھا ہے۔ میرا خیال ہے کہ عباس چند دنوں میں تمہارے کچھ روپے لا کر دے دے گا۔ مجھے افسوس ہے کہ تنخواہ میں سے کچھ بھی تمہیں روانہ نہیں کر سکا۔ تمہیں یہاں کا حال بخوبی معلوم ہے اس لئے مزید وضاحت کی ضرورت نہیں۔

صفیہ کو پھوڑوں سے نجات مل گئی ہے مگر اس کی آنکھ کی پھنسیاں برابر نکل رہی ہیں۔ اس کے چہرے کا بہت برا حال ہو گیا ہے۔ معلوم نہیں داغ دور بھی ہوں گے یا نہیں۔

میں اب ٹھیک ہوں، لیکن ان کم بخت پھوڑوں نے بہت تنگ کیا۔ اللہ بچائے ان سے، دور ہوں گے یا نہیں، فخر صاحب بمبئی چلے گئے ہیں۔ صرف دس دن یہاں ٹھہرے۔ بیدی اور وہ دونوں تمہیں اور فریدہ کو بہت یاد کرتے تھے۔

ہاں بھئی عباس کے ہاں تمہیں ضرور جانا پڑے گا، ورنہ وہ میری جان کھا جائے گا۔

تم جانتی ہو کہ عباس سے میرے کیسے مراسم ہیں اناج وغیرہ کہاں سے خریدیں۔ جن کے پاس روپیہ ہے خرید سکتے ہیں۔ ہم تو صرف ایک بوری گیہوں کی خرید سکے ہیں۔ گھی ملتا ہی نہیں۔ اگر تمہیں دو روپے سیر تک مل جائے تو خرید رکھنا۔ میں یہاں سے روپے بھجواؤں گا۔

نذیر صاحب کے لئے تم نے جس رشتے کا ذکر کیا ہے اس کی میں تفصیل چاہتا ہوں۔ تم لڑکی کو خود دیکھو۔ قبول صورت ہونی چاہئے۔ باقی سب ٹھیک ہے۔ تم اس کا فوٹو بھجوانے کی کوشش ضرور کرو تاکہ سلسلہ جنبانی کی جائے۔ میں نذیر کو آج ہی لکھوں گا۔ بھابی جان سے بھی ضرور بات کرنا۔ ممکن ہے ان کی نگاہ میں بھی کوئی رشتہ ہو۔

کشور کے متعلق تم نے کچھ نہیں لکھا۔ کیا میری دی ہوئی کتابیں اسے پسند آئیں اور اس کے خط لکھنے کے وعدے کا کیا ہوا؟ بہت جھوٹی ہے۔

عزری اور خالدی ضرور آئیں۔ حامد کا خط آیا تھا۔ لکھتا ہے کہ میں دلی آؤں گا۔ کب آئے گا یہ مجھے معلوم نہیں۔ آج اس کے خط کا جواب بھی لکھوں گا۔ صفیہ خالدی کو بہت یاد کرتی ہے۔

صفیہ بٹ ایک مہینے سے کشمیر میں ہے۔ اپنے ماں باپ کے پاس۔ اس کا ایک خط آیا تھا۔ اگر ہو سکے تو سعید بھائی جان کا کشمیر کا ایڈریس دریافت کر کے مجھے لکھو تاکہ صفی، نادرہ بھابی جان سے کشمیر میں مل سکے۔

صفیہ فوراً ہی تمہارے بعد امرتسر پہونچ جاتی مگر اسے پھوڑوں نے بالکل اٹھنے نہیں دیا۔ شاید کچھ دنوں کے بعد آئے۔ لیکن پھر تم دونوں کو فوراً ہی یہاں واپس آنا ہوگا کیونکہ مجھے کھانے وغیرہ کی بہت تکلیف ہو گی۔

سلیم بھائی جان مرحوم کی یہاں اکثر باتیں ہوتی رہتی ہیں۔ صفیہ کو بہت رنج ہے کہ

وہ ان کی بیمار پرسی امر تسر جا کر نہ کر سکی۔

ثریا بھابھی کو میر اسلام کہو۔ ایک دفعہ امر تسر جا کر ان کے غسل خانے میں دو دفعہ نہایا۔ پرانی یاد تازہ ہو گئی۔ خدا میری بھابی کو سلامت رکھے۔ ان سے کہو کہ وہ اپنی خالہ زاد بہن کی تصویر ضرور بھیجیں۔ یہ ہمارے پاس محفوظ رہے گی۔

ذکیہ سے ملو تو اسے میر اسلام کہنا۔

دنیا میں کتنی تبدیلیاں ہو چکی ہیں، ذکیہ، بھابھی ثریا۔۔۔ تم۔۔۔ سب لوگ کیا سے کیا بن گئے ہو اور میں خود۔ عجب تماشا ہے۔

صفیہ فرداً فرداً سب کو سلام لکھواتی ہے۔ کشور کو پیار۔

اصغر کے باباجی کی خدمت میں آداب۔ آپا جان کو سلام۔

من بے بے کا کیا حال ہے۔ میں نے جب ان کو دیکھا تھا تو وہ بہت کمزور تھیں۔ خدا کرے کہ اب تندرست ہوں۔ کیوں نہیں وہ کچھ دیر کے لئے یہاں آ جاتیں۔

میاں صاحب کے متعلق تفصیل سے لکھنا۔ خدا ان کو صحت بخشے۔

آپا جان کی خدمت میں آداب۔ صفیہ بھی ان کو سلام عرض کرتی ہے۔

تمہارا بھائی

سعادت

خط (۴)

مورخہ 3 مئی 1934

پیاری ہمشیرہ

گرامی نامہ ملا۔ معلوم ہوا کہ آپ میری "طویل خاموشی" سے پریشان ہو رہے ہیں۔ اگر خط ملنے کے دو روز بعد ہی جواب لکھ دینا تاخیر یا بقول آپ کے طویل خاموشی کے زمرہ ہیں آسکتا ہے تو انشاءاللہ پھر کبھی ایسا نہ ہو گا۔ اس حکم پر ابھی سے تعمیل ہو رہی ہے یعنی آپ کا خط ملنے پر فوراً ہی جواب تحریر کر رہا ہوں۔

اگر مجھے خدا خط لکھنے کی توفیق عطا فرمائے تو مجھے خطرہ ہے آپ کو خط کا مطالعہ کے لئے سارا وقت نذر کرنا پڑے گا۔ امینہ کو آپ کا خط ملا۔ معلوم ہوتا ہے رستہ میں کھو گیا ہے۔

اسی ملفوف میں آپ کو ایک اور خط ملے گا جو میں آج کے روز ارسال کرنے والا تھا۔ میرے دونوں خطوں کا جواب فوراً دیں کیونکہ بمبئی آنے کا ارادہ کر رہا ہوں۔ دیکھئے جواب میں مطلقاً تاخیر نہ ہونے پائے۔

خاں صاحب کی خدمت میں سلام عرض کر دیویں۔

میں ان کے جواب کا منتظر ہوں۔

آپ کا بھائی

سعادت

خط (۵)

کوچہ وکیلاں امرتسر

مورخہ 19 فروری 1934ء

مکرمی بھائی جان

السلام علیکم۔ آپ کی تار آج صبح ملی۔۔۔۔اس قدر جلد یاد آوری کا شکریہ۔

آپ کی تار اور ہمشیرہ صاحبہ کی استانی سے پتہ چلتا ہے کہ آپ لاہور میں قریباً پانچ روز رہے مگر تعجب آمیز افسوس ہے کہ آپ نے اس دوران میں ہمیں اپنے ارادہ سے بالکل مطلع نہ کیا۔ اور کچھ نہیں تو یہی لکھ دیا ہوتا کہ ہم فلاں گاڑی سے بمبئی روانہ ہو رہے ہیں تاکہ امرتسر سٹیشن پر ملاقات ہو سکتی ہے۔

والدہ صاحبہ بھی اس افسوس میں برابر کی شریک ہیں۔ انہیں اس امر کا آپ سے سخت گلہ ہے وہ علیل ہونے کی وجہ سے خود خط نہیں لکھ سکتے چند دنوں کے بعد وہ آپ کو خود لکھیں گے۔۔۔۔ بہر حال آپ کا یہ سہو قابل داد ہے۔ فرمایئے سفر آرام سے گذرا؟

خط کے جواب میں یہ ضرور تحریر فرمایئے کہ آپ نے ہمشیرہ صاحبہ کو کس کس جگہ کی سیر کرائی ہے۔ انہیں بمبئی پسند ہے یا نہیں۔؟

اس وقت بارہ بج رہے ہیں۔ سخت نیند آ رہی ہے۔ اس لئے انہی چند سطور پر خط کو ختم کرتا ہوں۔ خط کے جواب آنے پر مفصل خط لکھوں گا۔

والدہ صاحبہ دعائے خیر سے یاد فرماتی ہیں۔

راقم

سعادت

خط (۶)

کوچہ وکیلاں امر تسر

مورخہ 20 فروری پیش چراغ 1934ء

پیاری باجی

السلام علیکم۔ چھ گھنٹہ کی مسلسل دماغ سوزی کے بعد کالج سے واپس آرہا تھا کہ بی بی جی کو خط لکھنے میں محو پایا۔ ان کے قریب ہی دو بڑے نیلے رنگ کے لفافے پڑے ہوئے تھے۔ دیکھتے ہی پتہ لگ گیا کہ وہ خطوط بمبئی سے آئے ہیں۔ اس امید میں کہ آپ نے مجھے ایک مفصل خط لکھا ہوا گا میں نے دونوں لفافے چھان مارے مگر میرے خط کی رسید کہیں نہ ملی۔ والدہ صاحبہ مکرمہ کے خط کو شروع سے آخر تک پڑھ گیا مگر اس تلخ حقیقت کا یقین ہو گیا کہ آپ نے مجھے خط لکھنے کی زحمت تو درکنار میرا نام تک بھی نہ لیا تھا۔۔۔۔ ایسی یاد آوری کا تہہ دل سے مشکور ہوں۔

اگر میرے خطوط کا یہی حشر ہوا تو مجھے اندیشہ ہے کہ میں اپنا ذہنی توازن کھو بیٹھوں گا اور اس کی تمام ذمہ جاری جناب پر ہی عائد ہو گی اور اس نتیجہ کے آپ ہی موردالزام ٹھہرائے جائیں گے۔

ابھی آپ کو رخصت ہوئے جمعہ جمعہ آٹھ دن گذرے ہیں مگر معلوم ہوتا ہے کہ آپ اس قلیل عرصہ میں اپنے دور افتادہ بھائی۔ واژگوں بخت اور برگشتہ نصیب شخص کی تصویر جو آپ کے سینے میں اتنی دیر سے منقش تھی مٹا چکے ہیں اور اس شخص کی یاد جس کا

آپ کے ساتھ ایک چھوٹے بھائی کا رشتہ ہے قریباً قریباً محو کر چکے ہیں۔ اگر میرے متعلق لکھنے کے بارے میں آپ سے سہو ہوئی تو افسوس ہے ایسے سہو پر۔۔۔۔ یہ غلطی ایک عظیم دماغی ہیجان کا موجب ہوتی ہے۔

اگر آپ اپنی سیر و سیاحت کا اس خوبی کے ساتھ تذکرہ کر سکتے ہیں، اپنی دلچسپیوں کو اس دلچسپ انداز میں بیان کر سکتے ہیں تو کیا آپ اس بھائی کے متعلق جو دماغی ہیجان کے سمندر میں متلاطم، زندگی کی بڑی شاہراہ بغیر کسی سہارے کے گامزن، امرتسر کے ایک کوچہ میں، گھر کی چار دیواری میں مقید زندگی کی تلخ ایام کو کمال حوصلہ سے گذار رہا ہے۔ دو حرف بھی لکھنا گوارا نہیں فرما سکے۔۔۔۔۔

اے فلک ایں ہمہ آوردہ تست

خیر! آپ کے شدید انتظار کردہ خط نے ایک بڑے بوجھ کو جو مجھے عرصہ سے دبائے جا رہا تھا اور جو مجھے اندرونی طور پر دیمک کی طرح چاٹ رہا تھا دور کر دیا۔۔۔۔ شکر ہے اس خدائے بزرگ و برتر کا جس نے والدہ مکرمہ اور میری دعائیں قبول کیں۔

میرے لئے جس کا والدہ صاحبہ کے بعد آپ کا وجود ہی رہی سہی پونجی ہو، جس کی محبت کا مرکز آپ دونوں ہستیوں پر ہی محدود ہو اس سے بہتر اور کیا خوش نصیبی اور مسرت ہو سکتی ہے کہ آپ اپنی جگہ خوش ہوں۔

کسی ایسے شخص کی خوشی کا اندازہ لگانا جس نے اپنی زندگی میں صرف ایک ہی خوش خبری سنی ہو اور وہ بھی اسکی نسبت جو اسے دنیا میں ایک عزیز ترین نعمت کے مترادف ہو کسی اتھاہ اور بے پایاں سمندر کی وسعت اور گہرائی ماپنے کے برابر ہے۔۔۔۔ شائد آپ اسے نہ سمجھ سکیں۔

باجی! دیکھئے۔۔۔۔ میں کچھ لکھنا چاہتا ہوں لیکن لکھ نہیں سکتا۔ کیا آپ اس عہد

ماضی کی خاطر جو ہم نے ماں کی گود سے لے کر اب تک باہم گذارا، نہیں بنا سکتے یا کم از کم مجھے یہی لکھ کر یقین ہی دلا سکتے کہ آپ نے میرے متعلق لکھنے کے بارے میں جو اہم غلطی کا ارتکاب کیا ہے محض بھول تھی؟۔۔۔ آہ! آپ کے چند الفاظ۔۔۔ اگر وہ میرے نام سے معنوں کئے گئے ہوتے مجھے کس قدر خوش کرتے۔۔۔ اسے جو اس وقت اسی رنج میں کھویا ہوا آپ کی چند سطور کا منتظر ہے۔

میں اپنے آپ کو ہر چند تسلی دیتا ہوں کہ یہ غلطی محض اتفاقیہ امر تھی مگر آپ کے خط کے پونے دو صفحے اور متعدد الفاظ اس رنجیدہ حقیقت کو صاف، عیاں طور پر بیان کر رہے ہیں کہ آپ نے یہ چیز قصداً کی تھی۔۔۔ خدارا یہ تو بتایئے کہ آپ کو اس طرح میرے صبر اور اطمینان قلب کا امتحان لینا مقصود تھا؟۔۔۔ اگر میں ایسا خیال کرنے میں درست ہوں تو میں اس امتحان کے لئے قطعی طور پر تیار نہیں۔۔۔ اس امتحان کے لئے جو مجھے شب بیداری ایسی مرض میں مبتلا کر دے۔

بالا جی! آپ کا بھائی غیر تمدن یافتہ، ٹھوس، اور چڑچڑا سہی مگر وہ اپنے پہلو میں ایک حساس دل رکھتا ہے۔ جس کی ہر حرکت میں "محبت"۔۔۔ صرف محبت پوشیدہ ہے۔ اس لئے اس کے لئے چھوٹی سی غلطی ایک عظیم واقعہ کے مترادف ہے۔۔۔ یہ "کمزوری" مجھے قدرت سے عطا ہوئی ہے اس میں میرا کوئی قصور نہیں۔۔۔

خط ہذا کے ساتھ ساتھ ہی "کالج میگزین" ارسال خدمت ہے۔ امید نہیں آپ کی ناقدانہ نگاہیں اسے شرف قبولیت بخشیں۔۔۔ تاہم اس خیال سے بھیج رہا ہوں کہ شائد اس میں سے آپ کو کوئی چیز پسند آجائے۔

"مشاہدات" میں "نصف حضرت کا لفظ قابل غور ہے۔ "½ حضرت" سے مراد میرے عزیز دوست خواجہ حسن عباس ہیں۔ رسالہ میں کتابت کی بہت اغلاط ہیں۔ بہتر

یہی ہے کہ آپ انہیں خود ہی صحیح کرلیں۔

کل قبلہ حامد علی خان مدیر "ہمایوں" کا گرامی نامہ ملا۔ میری اس درخواست پر کہ وہ میری ترجمہ شدہ کتاب "روسی افسانے" کا دیباچہ لکھیں فرماتے ہیں مجھے فرصت نہیں۔ میرے خیال میں موجودہ صورت میں شائد مناسب یہی ہو گا کہ کوئی اور شخص جسے فرصت ہو دیباچہ لکھے لیکن اگر آپ کے خیال میں میرا لکھنا ہی ضروری ہے تو جیسا آپ نے لکھا ہے اسی طرح ہو جائے گا۔ کتاب شائع کیجئے" غرضیکہ " اڈیٹرانہ " بخل سے کام لیتے ہوئے رضا مند ہو گئے ہیں۔ میرے خیال میں حامد علی صاحب کا دیباچہ خوب رہے گا؟۔۔۔ آپ کا کیا خیال ہے؟

ماہ مارچ کے پرچہ میں " سپاہی اور موت " اور سرگذشت اسیر پر ریویو شائع ہو گا۔ ادبی دنیا کے ایڈیٹر کا خط آیا تھا۔ وہ میرے تراجم کو بقول اس کے بصد شکریہ شائع کرنے کو تیار ہے۔

آپ کا خط والدہ کشور کو دکھا دیا گیا ہے۔ پڑھ کر بہت خوشی ہوئیں۔ ہزاروں دعائیں بھیج رہی ہیں۔

" کشور لالی " کا خط اسی لفافہ میں ملفوف ہے۔ آپ کی سیروں کے حال سن کر اچھل پڑی ہے کہنے لگی " باجی جان تو خیر سیریں کر رہی ہیں " ذرا " ہیں " کو لمبا کرکے پڑھئے گا۔

" ظہیر صاحب " دنیا نگر سے واپس تشریف لے آئے ہیں۔ علیل ہیں۔ اس وقت بی بی جی کے پاس بیٹھے اونگ رہے ہیں۔ اب حقہ نوشی کر رہے ہیں۔ ابھی ابھی انگریزی ڈکشنری کو حفظ کرنے کا قصد کر رہے تھے۔ سلام عرض کرتے ہیں۔

" بڑے صاحب " آپ کو خط لکھنے کا کبھی سے ارادہ کر رہے ہیں۔۔۔ خدا کرے وہ اس ارادہ کو عملی جامہ پہنانے میں کامیاب ہو جائیں۔۔۔ آپ بھی یہی دعا کریں سلام

لکھواتے ہیں۔

"روزی" آپ کی غیر حاضری محسوس کرتی ہے۔ دو تین روز ہوئے کمروں میں گھوم گھوم کر آپ کی تلاش کر رہی تھی۔۔۔۔ یہی اس کی سلام سمجھئے۔

"کسکو" کی بابت آپ نے کچھ ذکر نہیں کیا۔ ہم لوگوں کو اس کی یاد بہت ستا رہی ہے۔ فرمایئے وہاں بھی "دروازے کھولتا ہے" یا نہیں "میاؤں" تو ضرور کرتا ہو گا۔

آپ کا "عالمگیر" موصول ہوا تھا چنانچہ اسی وقت یعنی بغیر پڑھے ارسال خدمت کر دیا گیا ہے۔

فرمایئے مل گیا؟

آپ کا مضمون دو تین روز تک نیرنگ خیال میں بھیج دوں گا۔۔۔۔ انشاءاللہ

ہاں! یہ تو بتایئے آپ نے ٹرنک وغیرہ رکھنے کا بندوبست کر لیا ہے؟ آپ کی موجودہ جگہ میں اس قدر ٹرنکوں کا سمانا اگر مشکل نہیں تو معجزہ ضرور ہے۔

میرے خطوں کے جواب میں اپنی سیر کی مفصل تفصیل تحریر فرمائیں

"سرکس" کیسی رہی؟۔۔۔۔ باجے کی سنایئے؟

گلی والوں کی طرف سے سلام۔

آپ کا بھائی

سعادت

خط (۷)

مکرم والدہ صاحبہ

السلام علیکم! آپ کے جانے کے بعد میں غالباً ملک صاحب کے ہاں ساڑھے سات بجے تک بیٹھا رہا اور خدا معلوم کیا کیا باتیں کرتا رہا۔ اب اگر میں سوچتا ہوں کہ میں نے اس روز اتنی بکواس کی ہے تو مجھے تعجب سا ہوتا ہے اور میں کئی کئی گھنٹے اپنے آپ کو ملامت کرتا رہتا ہوں۔ ذرا سوچئے تو وہ لوگ کیا خیال کرتے ہوں گے۔ ایک دن کی معمولی ملاقات اور باتوں کا طوفان۔۔۔ گویا عمران ہی میں گزری ہے۔ میں خاموش پسند ہونے کا دعویٰ تو نہیں کرتا لیکن میں جانتا ہوں کہ اتنا باتونی نہیں ہوں۔ آپ کا کیا خیال ہے، کیا مجھ میں یہ عادت ہے؟۔۔۔ اگر ہے تو میں اسے دور کر سکتا ہوں۔ کچھ بھی ہو مگر اس روز کی بکواس نے میرا دماغ ضرور ہلکا کر دیا ہے۔

آپ کے ارشاد کے مطابق "ساوتری" کا پاس حاضر ہے۔ جس روز آپ کو یہ خط ملے اس کے دوسرے روز ہی یہ کھیل دیکھنے جایئے گا۔ منگل کے بعد شاید یہ کام کا نہ رہے۔ اگر آپ چاہیں تو دو ایک کھیلوں کا پاس بھجوا دیتا ہوں۔

کسان کنیا، دیوالی کی تقریب میں نمائش کے لئے پیش ہو گا یعنی ابھی اس کی نمائش میں بیش پچیس روز باقی ہیں۔ آج کل کتنی گرمی ہے۔ بخدا بھیجا پگھل پگھل جا رہا ہے۔ لاہور کی گرمی کچھ اور قسم کی ہے۔۔۔ چکنی سی گرمی ہے کچھ سمجھ میں نہیں آتا کہ یہ کیا بلا ہے۔ میرے سر میں گھی کی سی دور ہونے میں نہیں آتی۔ یہ مہینہ ختم ہو تو جان میں جان

آئے اور کچھ کام ہو سکے۔

اقبال کو نہیں چاہئے تھا کہ وہ سنجیدگی کے باوصف اور معاملے کی اہمیت کے باوجود میرا مذاق اڑانا شروع کر دیتی۔ وہ شاید یہ نہیں جانتی کہ ان دنوں شادی کے مسئلے پر میں بہت غور کر رہا ہوں۔ میں "شادی" کو (خوشی) کی صورت میں دیکھنے کا گُر معلوم کرنا چاہتا ہوں۔ اس کو چاہئے کہ اس ضمن میں وہ میری مدد کرے۔

ماسٹر ظہیر کو سلام۔ بی بی جان یہ لڑکا بڑا ذہین معلوم ہوتا ہے۔ اس کی ذہانت میں وہ چالاکی نہیں جو عام طور پر سکول کے ذہین لڑکوں میں پائی جاتی ہے۔ اگر وہ اس چالاکی کے بغیر ذہین رہا تو میرا خیال ہے کہ اس کی ماں کو خوش ہونا چاہئے۔ کیونکہ وہ لڑکا آگے چل کر ضرور کامران ثابت ہو گا۔ میں نے اس سے کچھ دیر باتیں کی ہیں اور اس سے میں نے یہی اندازہ لگایا ہے۔

امید ہے کہ اب آپ کے گھٹنے کا درد دور ہو گیا ہو گا۔ آپ کو اس کے علاج سے کبھی غافل نہ ہونا چاہئے۔ اقبال کی صحت اور اس کی مسرت کے لئے ہمیشہ دعا گو رہتا ہوں۔ ملک صاحب اور ان کے گھر میں سب کی خدمت میں سلام۔

مزید ہدایات سے ضرور مطلع فرمائیں

آپ کا بیٹا

سعادت

(۸) باتیں ہماری یاد رہیں۔۔۔

یہ بھی کہا جاتا ہے کہ ان ادیبوں کے اعصاب پر عورت سوار ہے سچ تو یہ ہے ہبوط آدم سے لے کر اب تک ہر مرد کے اعصاب پر عورت سوار رہی ہے۔ اور کیوں نہ رہے۔ مرد کے اعصاب پر کیا ہاتھی گھوڑوں کو سوار ہونا چاہیئے۔

آج سے کچھ عرصہ پہلے شاعری میں عورت کو ایک خوبصورت لڑکا بنا دیا گیا تھا۔ ظاہر ہے کہ اس زمانے کے شاعروں نے اس میں کوئی مصلحت دیکھی ہو گی۔ مگر آج کے شاعر اس مصلحت کے خلاف ہیں وہ عورت کے چہرے پر سبزے یا خط کے آغاز کو بہت ہی مکروہ اور خلاف فطرت سمجھتے ہیں اور چاہتے ہیں کہ دوسرے بھی اس کو اصلی شکل میں دیکھیں۔۔۔۔ خدا لگتی کہیئے۔ کیا آپ اپنی محبوبہ کے گالوں پر داڑھی پسند کریں گے ؟

میں عرض کر رہا تھا کہ زمانے کی کروٹوں کے ساتھ ادب بھی کروٹیں بدلتا رہا ہے۔۔۔ آج اس نے جو کروٹ بدلی ہے۔ اس کے خلاف اخباروں میں مضمون لکھنا یا جلسوں میں زہر اگلنا بالکل بیکار ہے۔ وہ لوگ جو ادب جدید کا ترقی پسند ادب کا فحش ادب کا یا جو کچھ بھی یہ ہے خاتمہ کر دینا چاہتے ہیں۔ تو صحیح راستہ یہ ہے کہ ان حالات کا خاتمہ کر دیا جائے جو اس ادب کے محرک ہیں۔

میرے پڑوس میں اگر کوئی عورت ہر روز خاوند سے مار کھاتی ہے اور پھر اس کے جوتے صاف کرتی ہیں۔ تو میرے دل میں اس کے لئے ذرہ برابر ہمدردی پیدا نہیں ہوتی۔ لیکن جب میرے پڑوس میں کوئی عورت اپنے خاوند سے لڑکر اور خودکشی کی دھمکی

دے کر سینما دیکھنے چلی جاتی ہے اور میں خاوند کو دو گھنٹے سخت پریشانی کی حالت میں دیکھتا ہوں تو مجھے دونوں میں سے ایک عجیب وغریب قسم کی ہمدردی پیدا ہو جاتی ہے۔

کسی لڑکے کو لڑکی سے عشق ہو جائے تو میں اسے زکام کے برابر اہمیت نہیں دیتا۔ مگر وہ لڑکا میری توجہ اپنی طرف ضرور کھینچے گا جو ظاہر کرے کہ اس پر سینکڑوں لڑکیاں جان دیتی ہیں لیکن در حقیقت وہ محبت کا اتنا ہی بھوکا ہے جتنا بنگال کا فاقہ زدہ باشندہ۔

چکی پیسنے والی عورت جو دن بھر کام کرتی ہے۔ اور رات کو اطمینان سے سو جاتی ہے۔ میرے افسانوں کی ہیروئن نہیں ہو سکتی۔ میری ہیروئن چکلے کی ایک ٹکھیائی ہو سکتی ہے۔ جو رات کو جاگتی اور دن کو سوتے میں کبھی کبھی یہ ڈراؤنا خواب دیکھ کر اٹھ بیٹھتی ہے کہ بڑھاپا اس کے دروازے پر دستک دینے آرہا ہے۔

زمانے کے جس دور سے ہم اس وقت گزر رہے ہیں۔ اگر آپ اس سے ناواقف ہیں تو میرے افسانے پڑھئے۔ اگر آپ ان افسانوں کو برداشت نہیں کر سکتے تو اس کا مطلب ہے کہ یہ زمانہ ناقابل برداشت ہے۔ مجھ میں جو برائیاں ہیں وہ اس عہد کی برائیاں ہیں میری تحریر میں کوئی ایسا نقص نہیں جس کو میرے نام سے منسوب کیا جاتا ہے۔ دراصل موجودہ نظام کا نقص ہے۔ میں ہنگامہ پسند نہیں۔ میں لوگوں کے خیالات و جذبات میں ہیجان پیدا کرنا نہیں چاہتا۔ میں تہذیب و تمدن اور سوسائٹی کی چولی کیا اتاروں گا جو ہے ہی ننگی میں اسے کپڑے پہنانے کی کوشش بھی نہیں کرتا۔ اس لئے کہ یہ میرا کام نہیں درزیوں کا ہے۔ لوگ مجھے سیاہ قلم کہتے ہیں۔ لیکن میں تختہ سیاہ پر کالی چاک سے نہیں لکھتا سفید چاک استعمال کرتا ہوں کہ تختہ سیاہ کی سیاہی اور نمایاں ہو جائے۔

جب میں نے لکھنا شروع کیا تھا تو گھر والے سب بیزار تھے باہر کے لوگوں کو بھی میرے ساتھ دلچسپی پیدا ہو گئی تھی۔ چنانچہ وہ کہا کرتے تھے۔ " بھئی! کوئی نوکری تلاش

کرو۔ کب تک بیکار پڑے افسانے لکھتے رہو گے۔" آٹھ دس برس پہلے افسانہ نگاری بیکاری کا دوسرا نام تھا۔ آج اسے ادب جدید کہا جاتا ہے جس کا مطلب یہ ہے کہ لوگوں کے ذہن نے کافی ترقی کر لی ہے۔

※ ※ ※

منٹو کے یہ افسانے گویا دبی ہوئی چنگاریاں ہیں

آتش پارے

مصنف : سعادت حسن منٹو

بین الاقوامی ایڈیشن منظر عام پر آچکا ہے